www.tredition.de

AF217264

Silke Strasser

# Selbermachen - leicht gemacht

Rezepte mit Beikräutern, ätherischen Ölen und kolloidalen Spurenelementen für Mensch, Hund und Haushalt

Verlag und Druck: tredition GmbH, Halenreie 40-44, 22359 Hamburg

ISBN
Paperback:    978-3-347-07479-8
Hardcover:    978-3-347-07480-4
e-Book:       978-3-347-07481-1

# Selbermachen – leicht gemacht

Rezepte mit Beikräutern, ätherischen Ölen und kolloidalen Spurenelementen zum Selbermachen für Mensch, Hund und Haushalt

Gesammelt, ausprobiert und niedergeschrieben von Silke, Diego und Frida Strasser

# Inhaltsverzeichnis

# Wichtiger Hinweis

Alle Rezepte in diesem Büchlein sind sorgfältig erwogen und selbst mehrfach erprobt.

Das heißt, unsere Empfehlungen basieren auf Erfahrungswerten und sollten keinesfalls dazu auffordern, sich selbst zu behandeln, eine ärztliche Behandlung oder Medikation abzubrechen oder zu ersetzen.

Solltest du gegen einen Inhaltsstoff allergisch sein, bitte lasse ihn weg!

Wer unsere hier vorgestellten Rezepte nachmacht, tut dies auf eigene Gefahr!

Alle Angaben in diesem Büchlein erfolgen ohne Gewährleistung oder Garantie seitens der Autorin und eine Haftung der Autorin für etwaige Personen-,Sach- und Vermögensschäden ist daher ausgeschlossen.

# Vorwort

Ich freue mich, dass Du mein kleines DIY-Büchlein mit Diego, Frida und Silke in Händen hältst!

In diesem kleinen Büchlein werde ich, gemeinsam mit meinen beiden Co-Autoren, meinen Hunden Herrn Diego und Fräulein Frida, versuchen, Dir einen kleinen Einblick in die wunderbare Welt der Kräuter und Düfte zu geben.

Mein erster Co-Autor, Herr Diego, ist ja irgendwie „schuld" daran, dass ich mich seit nunmehr mehr als 6 Jahren intensiv mit diesem Thema beschäftige und mein Leben nachhaltiger, natürlicher gestalte als früher.

Anfangs standen die Kräuter und ihre verschiedenen heilsamen Wirkungen und Anwendungen auf Mensch und Hund und natürlich auch deren Weiterverarbeitung, sei es in Kräutermischungen (für mich und den Hund) oder in Form von Ölauszügen, um Pfotenbalsam und andere nützliche Dinge herzustellen.

Von hier war es nur ein kurzer Schritt zur fantastischen Welt der Düfte – der reinen ätherischen Öle – und ihrer mannigfaltigen Wirkung auf Körper und Seele von Mensch und Hund.

Die Verwendung der kolloidalen Spurenelemente und Mineralien ist quasi noch eine Ergänzung, da sie ja letztendlich ein Teil von jeder Zelle eines Lebewesens sind.

Du findest hier unsere (LunaESole) Lieblingsrezepte gesammelt und wir wünschen Dir viel Freude beim Lesen und natürlich ganz besonders beim Nachmachen der Rezepte!

# Die wunderbare Welt der Kräuter und Beikräuter

Ich erinnere mich, als ich ein kleines Mädchen war, dass ich es absolut faszinierend fand, auf einer Wiese, damals gab es noch viele solcher naturbelassenen Wiesen, nach Kräutern zu suchen, diese zu sammeln und danach, zu Hause, wurde aus dieser Vielzahl an Kräutern eine schmackhafte Kräutersuppe zubereitet – herrlich!

Auch am Balkon waren Kräuter in meiner Kindheit allgegenwärtig: Basilikum, Majoran, Thymian, Salbei, Oregano, Schnittlauch und co.

Kräuter sind so alt, wie die Menschen und in einer unglaublichen Vielfalt von Formen dienen sie in allen Bereichen des Lebens – sie pflegen und heilen, würzen, erfreuen uns mit ihrem Duft und bereiten einfach allen Lebewesen Genuss und Freude in vielerlei Hinsicht.

Hier stelle ich nur eine sehr kleine Auswahl vor, Du findest aber im Literaturverzeichnis wunderbare Titel zum Weiterlesen, und hier konzentriere ich mich auch eigentlich auf die sogenannten Beikräuter (viele Menschen nennen sie Unkräuter).

Seit Jahren stelle ich mit diesen Kräutern Öle, Tinkturen, Tees und Mischungen her, welche ich fast täglich verwende.

### Spitzwegerich und Breitwegerich (Plantago major)

Diese beiden Beikräuter findest du meistens an Wegrändern, so als ob sie ganz bewusst dort wüchsen, um des Wanderes Fußblasen heilen zu wollen, oder dir bei Insektenstichen Erste-Hilfe-zu leisten.

Sie sind aber auch gut schleimlösend und beruhigen entzündete und wunde Schleimhäute, deshalb findest du sie verarbeitet als Hustensirup oder auch in Teemischungen.

### Brennessel (Urtica dioica)

Auch die Brennessel findest du fast überall, du kannst sie natürlich auch kaufen und die Brennessel ist wirklich ein Powerpaket an Vitaminen, Mineralstoffen, Enzymen und Gerb-und Bitterstoffen.

Die gute Brennessel stärkt dich unterstützt deinen Körper, entgiftet, entschlackt und ist unglaublich vielseitig zu verwenden.

### Gundelrebe, Gundermann (Glechoma tuderacea)

Auch die Gundelrebe findet sich auf Wiesen, in Gärten, man kann sie aber auch auf dem eigenen Balkon wachsen lassen. Dieses Pflänzchen hilft hervorragend bei Katarrhen im Stirnhöhlen und Brustbereich, gegen Husten und Bronchitis und auch bei Durchfall.

Bei mir im Schrebergarten war sie plötzlich da und blieb und auch bei mir am Balkon fühlt sie sich wohl und leistet mir durch das ganze Jahr durch wertvolle Dienste.

### Kamille

Die echte Kamille, das ist die, welche die hohlen Blütenköpfe hat, wirkt entzündungshemmend, desinfizierend und wundheilend, deshalb verarbeite ich sie auch jedes Jahr in Öl, Tinktur und trockne sie, um genug auch für Teemischungen zu haben.

### Ringelblume (Calendula officinalis)

Auch die Ringelblume darf auf meinem Balkon und in meinem Schrebergarten nicht mehr fehlen, sei es als gesunder Eye-Catcher auf Salaten, sei es als Ölauszug, sei es als Tinktur oder eben auch in einer Teemischung

### Vogelmiere (stellaria mudia)

Die Vogelmiere oder auch liebevoll Hühnerdarm genannt ist auch so ein Beikraut, dass viele Hobbygärtner aus ihrem Garten mit allen Mitteln verbannen möchten – ich sage nur, aufessen!

Sie enthält nämlich Eisen, Kalium, Vitamin C, Calcium, Magnesium und ist damit eine echte Bombe an Kraft und Nährstoffen für den Körper.

### Giersch oder Erdholler (Aegopodium podagraria)

Ähnliches wie für die Vogelmiere gilt auch für den Giersch – nicht bekämpfen, essen: ein paar Blätter in den Salat, oder als Palatschinkenfüllung, oder als Gemüsebeilage – köstlich sage ich euch!

### Gänseblümchen

Gänseblümchen finden sich auch auf der noch so kleinsten Wiesenfläche, so diese naturbelassen ist und ich liebe diese Heilpflanze 2019. Gänseblümchen schmecken nicht nur gut, sondern leisten in der Volksmedizin so einiges. Gänseblümchen findest Du auch wirklich fast das ganze Jahr über.

# Do it yourself mit Herrn Diego und Fräulein Frida

Anfangs waren ja meine beiden Co-Autoren, so wie viele Menschen auch, sehr skeptisch, was ich mit dem Grünzeug und den Blümchen wollte. Ich dachte mir, gehe mit gutem Beispiel voran und aß mit Genuss vor ihnen ein Gänseblümchen und dann noch eines und noch eines. Da beide auf jeden Fall immer das wollen, was ich esse, weil das muss ja hervorragend sein, aßen sie es auch. So war der Grundstein gelegt.

Von da an wurde einfach erweitert: Also Gänseblümchen und ein bisschen Giersch, garniert mit einem Hauch von Spitzwegerich.

Falls du auch einen Hund hast und ihn/sie barfst, so kannst du ihm/ihr ganz leicht Kräutermischungen selbst zusammenstellen.

Entweder du gibst die Kräuter gleich frisch dazu oder du trocknest sie vorher schonend und legst dir einen Vorrat an, damit du das ganze Jahr etwas hast.

<u>Folgende Mischungen haben wir selbst ausprobiert und für gut befunden:</u>

Brennessel (nicht zu viel, weil ist ja harntreibend)

Gänseblümchen (nur die Blüten)

Giersch

Vogelmiere

Löwenzahn (die jungen Blätter)

**Oder**

Himbeerblätter

Giersch

Kamille

Gundermann

Veilchen

**Als Tee gegen Erkältungen kannst du folgendes mischen:**Veilchen, Spitzwegerich, Brombeerblätter, Gundermann (Blüten und/oder Blätter)

**Als Tee gegen Durchfall eignet sich:**Heidelbeeren, Kamille, Vogelmiere, Gundelrebe

# Wie erstelle ich einen Öl - Auszug aus meinen gesammelten Kräutern?

### Kaltauszug

Ich befülle ein Schraubglas zu 2/3 mit den Pflanzenteilen und gieße mit Öl auf, bis alle Pflanzenteile vollständig bedeckt sind. Ich verwende sehr gerne Sonnenblumenöl, da es keinen Eigengeruch hat, du kannst aber auch Olivenöl, oder Rapsöl verwenden. Wichtig ist dabei natürlich, dass du ein hochwertiges Öl verwendest, dass 100% rein ist und am besten auch gleich biologisch und regional.

Dann stellst du dein befülltes Schraubglas auf die Fensterbank und schüttelst es die nächsten 6-8 Wochen täglich einmal liebevoll.

Danach seihst du deinen fertigen Öl-Kaltauszug durch ein sauberes Tuch und lagerst es dunkel, bis du es weiterverwendest.

### Warmauszug

Die verwendeten Pflanzenteile kommen in einen Topf (wenn es geht nicht aus Metall) oder, wenn du kannst auch ein Schraubglas befüllen und ins Wasserbad stellen. Die Pflanzenteile mit dem Öl deiner Wahl übergießen und für circa 1 ½ -2 Stunden leicht köchelnd ausziehen lassen. Nicht kochen, weil sonst die Wirkstoffe verloren gehen – es soll nur so leicht vor sich hinblubbern.

Nach circa 2 Stunden Ziehzeit kannst du deinen fertigen Ölauszug durch ein sauberes Tuch seihen und an einen dunklen Ort zur Lagerung stellen.

# Wie stelle ich eine Tinktur her?

### Tinktur mit Alkohol

Wie beim Öl - Kaltauszug brauchst du 1 Schraubglas, welches du mit den Pflanzenteilen zu 2/3 befüllst. Dann gießt du das Ganze mit 40%igem Alkohol (Korn oder Wodka) auf und stellst es, gleich wie beim Öl-Kaltauszug, für 6-8 Wochen auf deine Fensterbank und schüttelst täglich 1mal.

Danach einfach nur durch ein sauberes Tuch abseihen und fertig ist deine Tinktur

### Tinktur ohne Alkohol

So wie oben beschrieben befüllst du ein Schraubglas zu 2/3 mit den Pflanzenteilen.

Dann stellst du eine Sole-Lösung her: Dazu nimmst du auf 1 Liter Wasser circa 150g Natursalz und verrührst das Salz im Wasser solange bis du eine Solelösung hast.

Mit dieser befüllst du dann dein Schraubglas bis alle Pflanzenteile bedeckt sind. Nach 6-8 Wochen hast du dann eine Tinktur ohne Alkohol

# Die Welt der ätherischen Öle – das Paradies der Düfte

In den folgenden Kapiteln entführe ich Dich in die faszinierende Welt der Düfte, der reinen ätherischen Öle.

Du erfährst, wie sie sie hergestellt werden, wie du sie anwenden kannst und wie du sie für dein eigenes, aber auch das Wohlbefinden deiner Haustiere, so du welche hast, verwenden kannst.

Als ich 2014 begann mich mit ätherischen Ölen zu beschäftigen – Auslöser dafür war eigentlich Herr Diego, mein Angsthund – war ich fasziniert, was allein nur das Riechen unterschiedlicher Öle bei mir und vor allem auch bei ihm auslösen konnte – diese Faszination ist bis heute ungebrochen.

Immer wieder ergeben sich neue Möglichkeiten der Anwendung und auch in den DIY Produkten verwende ich regelmäßig das passende ätherische Öl oder auch Ölmischungen.

Ich erstelle auch individuell auf den Menschen oder das Tier abgestimmte Ölmischungen, je nachdem, was eben gerade gebraucht wird, um Körper, Seele und Geist wohlzutun, auszugleichen oder auch zu stärken.

Herr Diego hat seine Lieblingsöle, die ihm Ruhe geben, ihm den Stress nehmen und die Angst, zum Beispiel vor Gewitter oder Feuerwerk, erträglich machen: Lavendel, Mandarine und Copaiba

Fräulein Frida wiederum regt Lavendel zu ausgedehnten Teppichrobb-Touren an und für ihre kleinen offenen Stellen, die sie immer wieder hat, liebt sie Immortelle und bei Kakao gibt es für sie kein Halten mehr.

Für mich selbst gibt es nichts Schöneres, als täglich intuitiv oder auch sehr bewusst, ein Fläschchen auszuwählen und den Duft in mich aufzunehmen.

# Was sind ätherische Öle und wie werden sie gewonnen?

Nichts ist so vielfältig wie die Natur und ihre Aromen. Was wir als Duft wahrnehmen, sind vor allem die ätherischen Öle bestimmter Pflanzen.

Sie werden gewonnen aus:

Blüten oder Blättern

Wurzeln, Zweigen, Holz, Rinden

Harz, Beeren, Samen

Früchten, Fruchtschale und Schoten

Für die Gewinnung von ätherischen Ölen gibt es verschiedene Möglichkeiten, die bekannteste und gebräuchlichste Methode ist sicher die

## *Wasserdampfdestillation*

Der Destillateur beschickt dabei das jeweilige Pflanzengut mit Wasserdampf, der die in den Pflanzen enthaltenen Öltropfen herauslöst. Da die meisten Öle leichter als Wasser sind, schwimmen sie am Ende des Vorgangs oben auf und können so leicht abgeschöpft werden.

Das quasi „Abfallprodukt" sind die Hydrolate.

Des Weiteren gibt es die Methode der

## *Kaltpressung*

Sie wird nur bei Zitrusfrüchten angewandt, da sich hier die Essenz in den winzigen Öldrüsen der dicken Fruchtschale konzentriert.

Außerdem gibt es noch die Methode des

## Absolues durch Lösungsmittelextraktion

Dies ist ein ziemlich aufwendiges Verfahren und wird vor allem angewandt, um kostbare Öle aus Blüten, wie zum Beispiel Jasmin, einzufangen

Zu guter Letzt gibt es noch die

## Alkoholextraktion

Da für diese Auszüge außer reinem Alkohol keine weiteren Hilfsstoffe notwendig sind, sind Alkoholextrakte sehr beliebt

# Wie wirken reine ätherische Öle?

Hast du schon einmal an einem Fläschchen reinen ätherischen Zitronenöls geschnuppert? Sicher hattest du sofort Bilder vor deinem inneren Auge: Urlaub, Sonne, Meer, Wärme, sich wohlfühlen, usw.

Über die Nase aufgenommen, geht der Duft direkt in das limbische System und aktiviert dein Duftgedächtnis, welches du bereits entwickelst, während du noch ein Embryo bist.

Mich zum Beispiel erinnert der Geruch von Vanille und Zimt automatisch an Weihnachten. Gerüche und Düfte, die wir in uns angenehmen Situationen wahrgenommen haben, riechen wir immer wieder sehr gerne, weil wir uns automatisch daran erinnern, wie schön diese Situation war.

Umgekehrt funktioniert das Duftgedächtnis natürlich auch – es heißt ja nicht umsonst in einem Sprichwort „Ich kann etwas oder jemanden nicht riechen"

Du kannst also auch durchaus bei der Auswahl der ätherischen Öle für deine Produkte der Nase nachgehen und darauf vertrauen, dass dich dein Duftgedächtnis führt.

# Qualitätskriterien bei ätherischen Ölen

Qualität ist immer wichtig! Bei ätherischen Öle aber ungemein wichtig, wenn ich nicht nur möchte, dass es gut riecht, sondern auch wirkt.Erkundige Dich beim Kauf immer nach der Herkunft, der Anbauweise und der Reinheit.

Auf folgende Kriterien auf dem Etikett solltest du genau achten:

Stammpflanze: z.B. Vanille

Botanischer Name: Vanilla planifolia

Verwendeter Pflanzenteil: Schote

Herkunftsland: Madagaskar

Gewinnungsart: Alkoholextraktion

Anbauweise: kontrolliert biologischer Anbau (kbA) oder Wildsammlung

Eventuelle Warnhinweise, Nummer der Charge.Du solltest stets darauf achten wirklich nur reine ätherische Öle zu verwenden!Ich selbst verwende seit Jahren die Produkte der Firma Taoasis und bin wirklich sehr zufrieden mit ihnen.

# Anwendung reiner ätherischer Öle

### Direktes Inhalieren

Allein durch das Riechen an dem Fläschchen werden bereits biochemische Prozesse im Körper in Gang gesetzt.

Aber Achtung: Falls du AsthmatikerIn sein solltest, dann bitte widerstehe dieser Versuchung

### Kaltdiffusion mittels Diffuser (Ultraschallvernebler)

Allein bereits 30 Minuten in einem Raum zu verbringen, in welchem mittels Kaltdiffusion ein reines ätherisches Öl vernebelt wird, bringt vielfältigste positive Effekt mit sich.

Ich persönlich bevorzuge den Diffuser anstatt einer Duftlampe, beziehungsweise stelle ich mir selbst Raumsprays her: 100ml destilliertes Wasser und 5-10 Tropfen ätherisches Öl oder Ölmischung

### Äußere Anwendungen

*Massage, Bäder, Kompressen*

Für ein Diy Massageöl verwende ich ein reines Trägeröl, wie zum Beispiel Mandelöl und gebe auf 100ml Trägeröl 5 Tropfen eines reinen ätherischen Öles meiner Wahl dazu.

Für ein Bad, falls du glücklicher Besitzer/glückliche Besitzerin einer Badewanne bist, nimmst du einfach 1 Esslöffel Milch und 2-3 Tropfen des reinen ätherischen Öles deiner Wahl. Anstatt der Milch kannst du auch Honig nehmen.

Für Kompressen verwende ich ein feuchtes Leinentuch und gebe 1-2 Tropfen des reinen ätherischen Öles der Wahl darauf.

Aber Achtung:

Bitte teste immer zuerst, ob du auf ein ätherisches Öl vielleicht allergisch reagierst, indem du 1 Tropfen auf die Innenseite deines Unter-
armes gibst – tritt nach 5 Minuten keinerlei Hautreaktion auf, dann
kannst du dieses Öl verwenden.

Achtung auch bei Zitrusölen – diese reagieren photosynthetisch, was
bedeutet, dass deine Haut um vieles empfindlicher auf Lichteinwir-
kung reagiert.

# Ein paar unserer Lieblingsöle und ihre Wirkung auf Körper und Seele

### Eukalyptus

Botanischer Name: Eucalyptus globulu; Myrtaceae – Myrtengewächs

Gewinnung: Wasserdampfdestillation der Blätter

Wirkung: anregend, belebend, stärkend; antibakteriell, antiviral

Anwendungsgebiete: Erkältung, Husten, Sinusitis, Gelenksschmerzen, Rheuma

Für Babys und Kinder unter 3 Jahren ist das Öl nicht geeignet, weil es zu scharf ist. Hier könntest Du als Alternative Myrte verwenden.

### Lavendel

Botanischer Name: Lavandula officinalis, L.angustifolia; Lippenblütler

Gewinnung: Wasserdampfdestillation des blühenden Krautes

Wirkung: entspannend, ausgleichend, harmonisierend

Anwendungsgebiete: Schlaffördernd, Entspannung, Juckreiz, Hautpflege, Wunden, Verbrennungen;

Lavendel gilt als Universalöl, da es dort ansetzt, wo der Körper es gerade braucht und es vielfältig anwendbar ist. Bitte nur 100% reines Lavendelöl verwenden!

### Nelke/Gewürznelke

Botanischer Name: Syzygium aromaticum; Myrtengewächs

Gewinnung: Wasserdampfdestillation der Blütenknospen

Wirkung: antiseptisch, desinfizierend, krampflösend, antibakteriell, antiviral

Anwendungsgebiete: Zahnschmerz, Mundpflege, Erkältung, Übelkeit, Verdauungsbeschwerden

Während der Schwangerschaft soll dieses Öl nicht verwendet werden; bei Anwendung auf der Haut, immer sehr stark verdünnen, da sonst Haut und Schleimhäute gereizt werden können.

### Rose

Botanischer Name: Rosa damascena; Rosengewächs

Gewinnung: Wasserdampfdestillation der Blüten

Wirkung: harmonisierend, aufbauend, herzstärkend, entzündungshemmend, entspannend

Anwendungsgebiete: Depression, Trauer, Wunden, Hautpflege, Juckreiz, nervöse Verspannungen, Kopfschmerzen

### Rosmarin

Botanischer Name: Rosmarinus officinalis; Lippenblütler

Gewinnung: Wasserdampfdestillation des Krautes

Wirkung: erfrischend, aktivierend, stärkend, desinfizierend, krampflösend

Anwendungsgebiete: Sportlerpflege, Muskelkater, Muskel-und Gelenksbeschwerden, Schmerzen, Krämpfe;

Dieses Öl sollte während der Schwangerschaft nur unter therapeutischer Anwendung erfolgen. Es ist für nicht geeignet für Babys und Kleinkinder;

Menschen mit Bluthochdruck und Epilepsie sollten dieses Öl nicht verwenden!

## Teebaum

Botanischer Name: Melaleuca alternifolia; Myrtengewächs

Gewinnung: Wasserdampfdestillation der Blätter

Wirkung: erfrischend, reinigend, desinfizierend, antiviral, antibakteriell, antifungizid

Anwendungsgebiete: Erkältung, Herpes, Fußpilz, Akne, Hautunreinheiten, Verletzungen, Wunden

Bitte darauf achten wirklich nur 100% naturreines Teebaumöl zu verwenden!

## Tonka

Botanischer Name: Dipteryx odorata; Schmetterlingsblütler

Gewinnung: Alhohlextraktion aus den Bohnen

Wirkung: wärmend, besänftigend, pflegend, harmonisierend, beruhigend, stärkend

Anwendungsgebiete: Hautpflege, Schmerzlinderung, Einsamkeit, Trauerprozesse, Ängste, Depression

Bitte auch hier unbedingt darauf achten, dass es ein 100% naturreines Öl ist.

## Zitrone

Botanischer Name: Citrus limonum; Rautengewächs

Gewinnung: Kaltpressung der Fruchtschalen

Wirkung: erfrischend, aufbauend, motivierend, reinigend, antiviral, antibakteriell

Anwendungsgebiete: Niedergeschlagenheit, Energielosigkeit, Motivationstief, Konzentrationsförderung, Reinigung der Raumluft.

# Kolloidale Spurenelemente Mineralien und Vitamine

Um kolloidale Spurenelemente und Mineralien und ihre Verwendung und Wirkung auf Mensch und Tier gibt es immer wieder viele Berichte und „Geschichten". Sicher ist jedoch, dass jede einzelne Zelle unseres Körpers beziehungsweise des Körpers aller Lebewesen diese kolloidalen Spurenelemente und Mineralien beinhaltet und, dass ich meinem Körper Spurenelemente, Mineralien und Vitamine in kolloidaler Form als Unterstützung im Sinne der Vorbeugung zuführen kann, um Mangelerscheinungen auszugleichen, aber auch bei akuten Problemen meinen Körper unterstützen kann (dies ersetzt aber bitte keineswegs den Weg zu einem Arzt!).

Natürlich ernähre ich mich auch bewusst und versuche nach Möglichkeit die benötigten Mineralien, Spurenelemente, Proteine und Vitamine über die Nahrung aufzunehmen, keine Frage. Ich zum Beispiel habe seit 12 Jahren eine Histamin-Intoleranz und darf allein schon deshalb sehr viele Sachen nicht essen, was natürlich zu Mangelerscheinungen führt.

Viele Menschen haben auch keinen eigenen Garten, in dem sie rein biologisch ihr Gemüse und ihr Obst anbauen können, um sich so bestmöglich mit den Vitalstoffen zu versorgen, die ihr Körper zum „reibungslosen Betrieb" braucht.

Gleichzeitig leben wir in einer Gesellschaft, in der sogenannte Zivilisationskrankheiten immer mehr und mehr im Steigen begriffen sind: Stress, mangelnde Bewegung, unausgewogene Ernährung führen oftmals zu körperlichen Krankheiten.

Hier können eben kolloidale Lösungen von Spurenelementen, Mineralien und Vitaminen einen wichtigen Beitrag zu einer gesunden Lebensweise leisten.

Unter kolloidalen Lösungen versteht man Lösungen, in denen winzigste Metallpartikel in einer Flüssigkeit suspendiert sind. Je feiner diese Metallpartikel sind (Nanopartikel), desto effektiver sind sie und desto schneller können sie vom Körper aufgenommen werden und wirken.

Die italienische Firma Biomed S.R.L., deren Produkte ich sehr gerne für mich und meine Tiere verwende, forscht in diesem Bereich bereits seit Jahren und produziert eine breite Palette an kolloidalen Spurenelementen, Mineralien und Vitaminen in höchster Qualität. Eine eigens von Biomed entwickelte Technologie ermöglicht es, die wirkungsvollsten und reinsten Produkte, die es derzeit am Markt gibt, herzustellen und das sage ich jetzt nicht nur, weil der Gründer und Besitzer von Biomed, Flavio Faccin, ein langjähriger Freund ist und ich ihm vertraue, sondern, weil es diverseste wissenschaftlich belegte Studien zu diesen Produkten und ihrer Wirksamkeit auf den menschlichen und tierischen Organismus gibt.

Ich stelle Dir hier nur ein paar Produkte vor, die ich selbst regelmäßig verwende

## Kolloidales Silber

Es gilt als stärkstes natürliches Antibiotikum, wirkt antiviral, antibakteriell, antifungizid, antimikrobiell, antiseptisch, entzündungshemmend und stärkt das Immunsystem natürlich und nachhaltig.

Ich verwende es nicht nur in diversen Produkten, wie der Haushaltsdesinfektion, dem Deospray oder dem Pfotendesinfektionsgel, sondern sprühe es auch direkt in den Mund, es wird über die Schleimhäute aufgenommen, gegen meine Pollenallergie und als Unterstützung für meine Bronchien.

Kolloidales Silber ist so vielseitig einsetzbar und ich schätze dieses Produkt sehr.

## Kolloidale Hyaluronsäure

Hyaluron gilt als ein wichtiger Baustein des Körpers, als wichtiger Bestandteil des Bindegewebes und als Hauptbestandteil der Gelenke und Knorpel. Da es hervorragend Flüssigkeiten bindet, wird es auch in allen Anti-Aging-Produkten verwendet.

Ich verwende es für meine Cremen, aber auch in der Mundhygiene, vor allem bei Entzündungen im Mundbereich, sowie für die Geschmeidigkeit meiner Gelenke und Knorpel.

## Kolloidales Kollagen

Kollagen ist ein wichtiger Baustein, ein wichtiges Protein unseres Körpers und es macht 30% der Proteine in unserem Körper aus. Es ist wichtig, nicht nur für die Geschmeidigkeit der Haut, sondern auch für die Elastizität von Muskeln, Sehnen, Gelenken, Knorpeln, inneren Organen und wird als Klebstoff, der uns zusammenhält bezeichnet.

Auch das kolloidale Kollagen verwende ich in meinen Cremes und Fluids, aber auch direkt in den Mund gesprüht, um meinem Körper diesen wichtigen Baustein in ausreichendem Maße zuzuführen.

# Do it yourself - Diego und Frida

### Pfotenbalsam 1

35 g Vaseline

15 g Holunderblütenöl (du kannst Dir selbst einen Öl-Auszug machen)

2 Tropfen reines ätherisches Lavendelöl

3 g Kolloidales Silber

Das Holunderblütenöl wird in die Vaseline eingemischt, ebenso das kolloidale Silber und das Lavendelöl. Dieser Pfotenbalsam pflegt und desinfiziert die Pfotenballen deines Lieblings

### Pfotenbalsam 2

100ml Johanniskrautöl (Rotöl)

10gr Bienenwachs oder Beerenwachs

5 Tropfen ätherisches Öl Lavendel

Das Bienenwachs im Wasserbad schmelzen und mit dem Öl vermengen, abkühlen lassen und währenddessen das ätherische Öl dazufügen.

Du kannst anstatt des Johanniskrautöls auch Ringelblumenöl, oder Gänseblümchenöl verwenden.

## Pfotendesinfektionsmittel /Pfotenreinigungsgel

Desinfizierende Ätherische Ölmischung: Zitrone, Rosmarin, Nelke, Zimt, Teebaum, Lavendel, Zitronella

90ml reines Aloe Vera Gel

10ml Collodiales Silber

5 Tropfen der Ölmischung

Dieses Pfotenreinigungsgel kannst Du auch für Deine eigenen „Pfoten" verwenden.

## Zahnpasta

50gr Kokosöl

1 Messerspitze Backpulver

2 Tropfen Copaiba

Die Zutaten einfach mischen. Optional kannst du auch noch 5 gr kolloidales Silber dazufügen.

## Antiparasitenmischung zum Sprühen zur Desinfektion von Liegeflächen und Schlafplätzen

98ml Wasser

2ml 96% Alkohol

2 Tropfen der desinfiszierenden Ölmischung

### Honig-Wund-Balsam

8g Bienenwachs

15g Calendulaöl

15g Johanniskrautöl

5 g Lanolin

10g Sheabutter

5 g Bienenhonig

8 Tropfen ätherisches Öl Immortelle

Bienenwachs, Sheabutter und Lanolin im Wasserbad schmelzen, das Calendulaöl und das Johanniskrautöl beimischen und unter Rühren abkühlen lassen. Dann den Bienenhonig und das ätherische Öl daruntermischen und in kleine Salbendöschen abfüllen.

Der Honig-Wund-Balsam ist bestens geeignet für kleine Wunden, wie Kratzer und dergleichen.

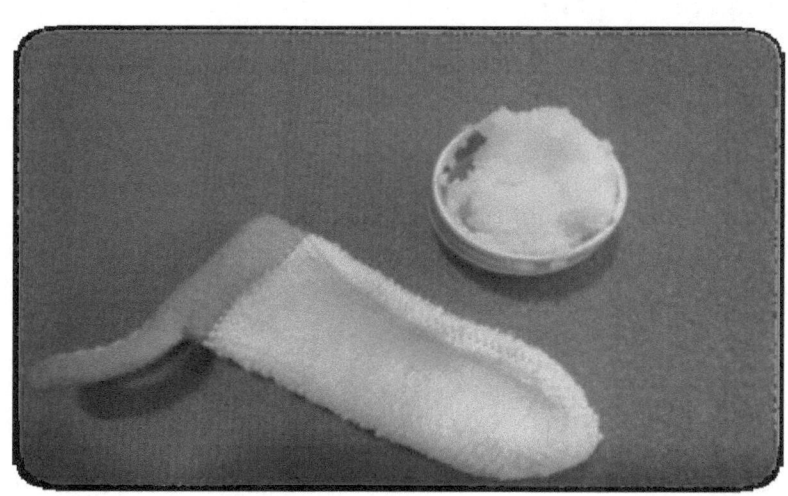

# Do it yourself – Silke

### Deospray

Du nimmst eine Sprühflasche, befüllst diese mit Wasser, fügst eine Messerspitze Natron dazu und schnappst dir ätherische Öle deiner Wahl und mischt sie ein – fertig (ich füge noch 5ml kolloidales Silber dazu)

### Deocreme

20g Sheabutter oder Kakaobutter

20g Natron

5g Jojobaöl oder Mandelöl

1 Teelöffel Speisestärke

Ätherische Öle nach deiner Wahl

Sheabutter im Wasserbad schmelzen; das Jojobaöl, mit der geschmolzenen Sheabutter, dem Natron und der Speisestärke vermischen. Die ätherischen Öle dazu geben und in kleine Döschen abfüllen.

### Körperpuder

15g weiße Tonerde

15g Pfeilwurzstärke

10 Tropfen Mandelöl

15 g Natron

Ätherische Öle deiner Wahl

Alle Zutaten miteinander vermischen, die ätherischen Öle dazu geben und abfüllen.

## Dusch-Bar

100g Kakaobutter oder Sheabutter

100g Speisestärke

100 g SCI Tensid

Ätherische Öle deiner Wahl

Kakaobutter schmelzen und mit der Speisestärke und dem SCI Tensid vermischen (Achtung, bitte trage dabei einen Mund-Nasen-Schutz!), die ätherischen Öle deiner Wahl zufügen und in Formen füllen. Cirka 2 Tage in den Formen trocknen lassen.

Wenn du dir ein Duschpeeling-Bar machen möchtest, füge einfach entweder gemahlenen Kaffee dazu (1 Esslöffel reicht) oder Mohn (1 Esslöffel ist genug)

## Shampoo-Bar

90 g Sheabutter

200g SCI Tensid

200 g Maisstärke

20g Wildrosenöl

20 – 30 Tropfen ätherische Öle, wie Lavendel, Teebaum, Rosengeranie, Rosmarin, Vetiver

## Körperemulsion

75 ml Rosenwasser

100ml Mandelöl

12 g Bienenwachs

Das Bienenwachs im Wasserbad schmelzen und mit dem leicht erwärmten Mandelöl und dem Rosenwasser vermischen, ätherische Öle deiner Wahl dazugeben.

## Body –Mist

100ml Wasser

5ml 96%Alkohol

20-30 Tropfen ätherische Öle deiner Wahl

## 2 Phasen Gesichtsfluid (für reifere Haut)

25ml Arganöl (nicht komedogen)

15ml Rosenwasser

5 ml kolloidales Collagen

5 ml kolloidales Hyaluron

2 Tropfen ätherisches Öl Rose oder Neroli

## 2 Phasen Gesichtsfluid (für Mischhaut)

25ml Arganöl

25ml Hamameliswasser

2 Tropfen ätherisches Öl Rose

## 2 Phasen Gesichtsfluid (für jugendliche Haut)

25ml Hanföl

25ml Hamameliswasser

2 Tropfen ätherisches Teebaumöl

## Gesichtsreinigung

1 kleine Tasse feingemahlener Hafer

1 kleine Tasse Kaolin (weiße Tonerde)

2 Esslöffel feingeriebene Mandeln

Für Jugendliche Problemhaut: 2 Esslöffel Heilerde dazugeben

1 Esslöffel feingemahlene, getrocknete Blüten (Rose, Ringelblume, Lavendel)

10 Tropfen ätherisches Öl Rose, Neroli zum Beispiel für normale Haut/ für jugendliche Problemhaut Teebaumöl

Alles gut vermischen und abfüllen.

Nimm` davon ½ -1 Teelöffel in die Handfläche, mit Wasser vermischen und damit das Gesicht waschen.

Du kannst diese Mischung auch als Gesichtsmaske verwenden: Dafür rührst Du Dir einfach einen Brei an und trägst ihn auf das Gesicht auf (Augenpartie aussparen).

45

# Do it yourself für unseren Haushalt

### Waschpulver

100g Kernseife (oder Aleppo- Seife)

150g Waschsoda

150g Natron

50g Zitronensäure

30 – 40 Tropfen ätherische Öle, wie Zitrone, Teebaum, Lavendel, Orange

Falls Du einen Weichspüler verwenden möchtest, einfach einen Schuss Essig dazu geben.

### Wäscheparfum

100ml destilliertes Wasser

5 ml 96% Alkohol

Ätherische Öle deiner Wahl


### Haushaltsdesinfektion für alle glatten Flächen

100ml Wasser

5ml 96% Alkohol

5ml kolloidales Silber

15 Tropfen ätherische Öle: 5 Tropfen Teebaum, 5 Tropfen Citronella, 5 Tropfen Lavendel

## Putzstein

100g Schmierseife

40g Glycerin

60g Kokosöl

180g Schlämmkreide

20ml ätherisches Öl Orange

Schmierseife mit Glycerin und dem ätherischen Öl verrühren, 90g Schlämmkreide unterrühren. Das Kokosöl dazu rühren, die restlichen 90g Schlämmkreide unterrühren und abfüllen.

Du kannst damit alles putzen außer Granit und Marmor!

## WC Reiniger

30g Kernseife

1l kochendes Wasser

30 Tropfen ätherisches Öl Zitrone

Die Kernseife im kochenden Wasser auflösen, das ätherische Öl dazufügen und über Nacht stehen lassen. Danach kannst du ihn schon verwenden...

## WC – Duft

Ich habe in der Toilette auf dem Spülkasten einfach zwei Steine liegen – einen größeren und der kleinere liegt oben drauf. Auf den kleineren gebe ich ein paar Tropfen reines ätherisches Zitronenöl oder Lavendelöl.

# Nachwort

Wir, Diego, Frida und ich, wünschen uns, dass wir Dir einen kleinen Einblick in nachhaltiges Do it yourself geben konnten und hoffen, dass wir Dich ein wenig inspirieren haben.

Wir hoffen, dass Du beim Lesen, Ausprobieren und Nachmachen genauso viel Freude hattest, wie wir beim Aussuchen und Schreiben.

Wir freuen uns, dass Du mit uns eingetaucht bist in die wunderbare Welt der Kräuter, Düfte und kolloidalen Spurenelemente und Mineralien. Vielleicht haben wir Dir ja auch eine kleine Anregung geboten, Dich weiter damit zu beschäftigen.

Bis Bald, Frida, Silke und Diego

# Weiterführende Literatur und Bezugsquellen der verwendeten Zutaten

Susanna Färber und Axel Meyer, Aromaöle für die Hausapotheke, Kosmos, 2016

Karin Opitz-Kreher, Dufte durch den Tag, Schirner Verlag, 2017

Maria L Schasteen, Duftmedizin für Tiere, Crotona Verlag, 2017

Maria L. Schasteen, Ätherische Öle gegen Umweltgifte, secrets of nature.org, 2018

Christine Lackner/Christian Hofer/David Schwärzler, Wilde Freunde, Leykam, 2015

Steffen Guido Fleischhauer/Jürgen Guthmann/Roland Spiegelberger, Essbare Wildpflanzen, Weltbild,2013

Wolfgang Möhring, Die zehn besten heimischen Wildpflanzen, Mosaik, 2000

Irene Hager/Alice Hönigschmied/Astrid Schönweger, Die Kraft der Kräuter nutzen, Löwenzahn, 2017

Anneliese und Dr. Gerhard Eckert, Heilpflanzen, Bassermann, 2002

kolloidales Silber/ kolloidale Hyaluronsäure, kolloidales Collagen und andere kolloidale Spurenelemente und kolloidale Vitamine von der Firma Biomed srl Italien https://biomedsrl.net

Basisöle und ätherische Öle sowie Hydrolate von Taoasis Naturduft Manufaktur https://taoasis.com

Fotos der verwendeten ätherischen Öle, Basis Öle und kolloidalen Spurenelementen mit freundlicher Genehmigung der Hersteller ; alle Fotos copyright by Silke Strasser

Zeitfracht Medien GmbH
Ferdinand-Jühlke-Straße 7
99095 Erfurt, Deutschland
produktsicherheit@kolibri360.de